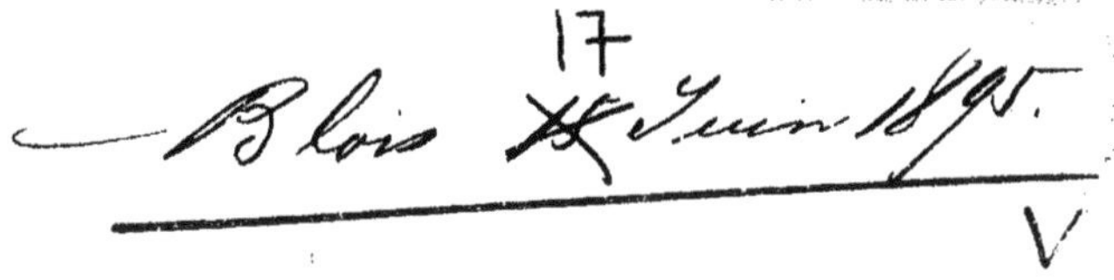

VILLE DE BLOIS

(LOIR-ET-CHER)

CATALOGUE

d'Objets d'Art

ET

Meubles Anciens

*Provenant d'un Château des environs
de Blois*

15 JUIN 1895

BLOIS

TYPOGRAPHIE ET LITHOGRAPHIE C. MIGAULT ET C^c

14, RUE PIERRE-DE-BLOIS, 14

1895

Le Catalogue se distribue :

A Paris :   Chez MM. GANDOUIN, experts, 31, rue des Saints-Pères, et au *Journal des Arts*, 1, rue de Provence.

A Londres :   Chez MM. CHRISTIE.

A Bruxelles :   Chez M. FUVEE, expert, 12, rue du Gentilhomme.

A Gand :   Chez M. VAN DHUYSE, antiquaire expert.

A Orléans :   Chez M. BINARD, 112, rue de Bourgogne.

A Tours :   Chez M. MORLOT, rue de la Scellerie.

A Blois :   Chez MM. les COMMISSAIRES-PRISEURS.

A Lille :   Chez M. CARLIER, rue Esquermoise.

A Amiens :   Chez M. LEFÈVRE, antiquaire.

A Rouen :   Chez M. FRANÇOIS, antiquaire, rue d'Amiens.

A Reims :   Chez M. MOUGENOT, antiquaire, rue de Vesle.

A Troyes :   Chez M. MAZURIER, antiquaire, rue Urbain IV.

A Fontenay-le-Comte : Chez M. BOUCHEREAU, antiquaire.

CONDITIONS DE LA VENTE

Elle aura lieu au comptant.

Les acquéreurs payeront *dix pour cent*, en sus des adjudications appliquables aux frais.

L'exposition mettant le public à même de se rendre compte de l'état des objets, il ne sera admis aucune réclamation après l'adjudication.

En cas de contestation sur une enchère, l'objet sera immédiatement remis en vente.

Les experts se chargeront des commissions des personnes qui ne pourraient suivre les vacations.

ORDRE DES VACATIONS

Lundi   **17 Juin :** du nᵒ **1** au nᵒ **103**. Faïences diverses armoriées.

Mardi   **18 Juin :** du nᵒ **323** au nᵒ **417**. Miroirs. Curiosités. Objets divers.
et du nᵒ **537** au nᵒ **544**. Voitures. Orangers.

Mercredi 19 Juin : du nᵒ **418** au nᵒ **536**. Portraits à costumes, Gravures, Tentures, Tapisseries, Soieries.

Jeudi   **20 Juin :** du nᵒ **209** au nᵒ **322**. Meubles, Garnitures de Cheminées.

Vendredi 21 Juin : du nᵒ **104** au nᵒ **208**. Faïences italiennes. Porcelaines, Grès, Verreries de Bohême,
et nᵒ **545**. Objets omis ou non vendus.

DÉSIGNATION

DES OBJETS

FAÏENCES & PORCELAINES

Faïences Allemandes

1 — Plat en faïence de Bayreuth, décoré en bleu ; grand écusson avec casque et lambrequins. (Tranché d'argent et de.....)

2 — Assiette en faïence de Bayreuth, à décors bleu pâle d'une grande finesse ; deux anges soutiennent un double écusson.

3 — Autre assiette, décorée de la même façon ; riches ornements de fleurs et de fruits ; au centre les armoiries de la famille Imhoff.

4 — Autre assiette, même décor : marli semé de fleurs ; écusson contenant une fleur de lys et un cerf et portant la date de 1696.

5 — Tète-à-tète en faïence de Saxe, à décors polychromes, comprenant : un plateau, pot au lait, théière,
sucrier et deux tasses avec leurs soucoupes.

Faïences & Terres Espagnoles

6 — Grande assiette à bords festonnés ; décors bleus à
armoiries.

7 — Petite assiette, décors bleus à armoiries : au-dessous
de l'écusson on lit les mots : CONTADOR-DONS-
E-MENDIOLA.

8 — Encrier à décors polychromes de la fabrique d'Al-
cora (XVIIIᵉ siècle.)

9 — Statuette de saint François d'Assise, d'après Alonzo
Cano ; terre de Manissès à décors polychromes ;
le socle est à reflets métalliques.

10 — Tète de saint Jean - Baptiste posée sur un plat ;
terre cuite peinte ; remarquable travail original
du XVIIᵉ siècle.

11 — Tableau formé de carreaux de faïence (Azulécos),
peints à Séville et représentant saint Joseph.

12 — Un groupe en terre cuite coloriée, de la fabrique de
José Cubéro, à Malaga, " LE PICADOR. "

13 — Un groupe analogue. de la même fabrique,
" l'ESPADA. "

Faïences de Delft

14 — Assiette à décors bleus, de l'époque Japonaise ; au centre un écusson polychrome, avec casque et cimier (fasce accomp. en chef d'un écureuil, et en pointe de trois fleurs de lys).

15 — Plat à décors bleu foncé ; sur le marli larges arabesques du XVIIe s. ; au centre deux écussons, l'un carré, l'autre ovale, suspendus par des rubans.

15 *bis* Grande assiette décors bleu foncé ; deux écussons.

16 — Assiette à décors bleu foncé ; écusson écartelé, chargé d'une perdrix et d'une molette d'éperon portant l'inscription : Cornelius, Westwout, out burgem, 1672.

17 — Autre assiette de forme creuse, à riches décors bleus ; écusson avec casque ; parti : une étoile et trois oiseaux ; parti : une fleur de lys et trois lions.

17 *bis* Autre assiette à décors polychromes ; deux écussons de formes différentes.

18 — Autre assiette, décors bleus du XVIIe s. : écusson surmonté d'une couronne de Marquis.

19 — Deux assiettes, décors bleus, au centre deux écussons, l'un : mi-parti, l'autre avec une fasce : au bas : Kalf Ketel.

20 - Autre assiette à décors polychromes rehaussés d'or;
au centre un écusson, "d'argent à un chevron de
sable, accompagné de trois têtes de lions de
gueules. "

21 — Autre assiette, décors bleus, rehaussés de jaune
clair; fleurs isolées ; au centre écusson "tranché
d'or sur azur. "

22 — Une carpe, servant de jardinière, décors polychromes (XVIII° s.).

Terre d'Avignon

23 — Vase rond, à anse très élevée, émaillé de brun et
de jaune, avec appliques en relief. "Ces vases,
appelés en Provence COUFFONS, servaient à
conserver de la braise et des cendres, pour se
chauffer les mains. " (XVII° s.)

24 — Grand plat en terre brune, avec appliques en terres
jaune et verte; au centre un mufle de lion ; "une
pièce analogue mais moins importante est con-
servée au musée d'Avignon " (très rare) (XVII° s.)

Faïences de Blois, Tours & Gien

25 - Paire de cornets de pharmacie, décors polychromes
, au grand feu, par Ulysse Besnard.

26 — Coupe en forme de coquille, décors polychromes,
     par le même.

27 — Couvercle de bonbonnière, décors polychromes
     d'une grande finesse, par le même.

28 — Bougeoir en faïence, émaillé en bleu tendre, à
     dessins blancs, par Tortat.

29 — Baguier coquille, décors de Rouen, par le même.

30 — Cache-pot carré, avec quatre plaques de faïence
     décorées en polychrome, par M. Baratte.

31 — Vase à fleurs, fond bleu semé de fleurs de lys.

32 — Pot à tabac en faïence émaillé en couleurs, avec
     feuillages et reptiles, dans le genre de Palissy,
     exécuté en 1852, par Landais, peintre émailleur à
     Tours.

     (Belle pièce).

33 — Plat en faïence de Gien, décors polychromes au
     grand feu (village en Sologne).

34 — Plaque décorative, même fabrication (paysage de
     Sologne).

35 — Cafetière, décors à fleurs.

36 — Encrier plat à trois godets, décors polychromes,
     dans le genre de Moustiers.

Faïence de Lyon

37 — Coupe de forme italienne, à décors polychromes ;
le premier plan représente la mer ; au fond un
paysage ; dans le ciel, deux vents soufflent la
tempête ; sur le devant l'amour porté par un dau-
phin. L'ornementation générale est en bleu de
plusieurs tons, rehaussé de jaune ; le corps de
l'amour et quelques autres portions du dessin
sont en rouge sanguine.

(Pièce très curieuse).

Faïences de Marseille

38 — Assiette décorée en vert, par Savy ; au centre écusson surmonté d'une couronne de marquis, et chargé de deux épées en sautoir.

39 — Coupe à décors polychromes : au centre écusson
chargé d'un ceps de vigne, et en chef une aigle.

40 — Petit plateau ovale, à filets verts, et décors polychromes de fruits, poissons et coquillages.

Faïences de Moustiers

41 — Cadre de Christ, en faïence de Moustiers à décors
bleus d'une grande finesse, avec grand cadre
ovale, en bois sculpté et doré, fait pour le contenir.

42 — Bénitier avec Christ en faïence de Moustiers, à décors polychromes ; dans le bas un écusson aux armes de la famille de Sobirats.

43 — Pot à fleurs à décors rouille ; ornements et armoiries (XVII" s.)

44 — Plat octogone à pans coupés : décors bleus très fins ; au centre riche cartouche avec armoiries : " de sinople au chevron d'or accomp. en chef de trois étoiles, et en pointe d'un bras armé tenant un badelaire. " (XVIIᵉ s.)

45 — Plat ovale à armoiries, décors jaunes ; même époque.

46 - Autre plat, même forme et même époque, décors bleus avec écusson aux armes de la famille Thomassin, en Provence.

47 — Autre plat, même forme, à bords festonnés, décors bleus, dans le goût de Berain, aux armes de la famille Lamoignon.

48 — Autre plat, même forme, décors polychromes, avec armoiries.

49 — Plat ovale, décoré en bleu ; au centre, sur un trophée, écusson aux armes de la famille de Beaumont d'Autichamp.

50 — Plat ovale, décors polychromes aux armes de la famille Boyer, à Arles.

51 — Plat rond, décors bleus, aux armes du chevalier de Lorraine, prieur de Malte.

52 — Petit plat carré à pans coupés, décors bleus aux armes des familles de la Croix-Chevrières et de la Poipe.

53 — Assiette à décors bleus ; au centre une Diane appuyée sur un écusson, aux armes de la famille de Cabanes, en Provence.

54 — Assiette à décors polychromes aux armes d'une Abbesse de la famille Lemaistre de Ferrière, en Provence.

55 — Assiette à armoiries, décors bleus.

56 — Autre, mêmes décors, aux armes du marquis Benault de Lubières (Provence).

57 — Petite plaque ronde, décorée aux mêmes armes et signée " R. "

58 — Assiette à décors bleus, aux armes des familles de Cabanes et de . . . .

59 — Assiette à décors bleu pâle, avec deux écussons posés sur un manteau de Prince.

60 — Assiette à décors bleus aux armes de Monseigneur Poncet de la Rivière, évêque de Montpellier.

61 — Assiette à décors bleus, avec écusson aux armes de la famille Amelot.

62 — Assiette à décors bleus, au centre un écusson supporté par des cygnes.

63 — Assiette décorée en manganèse ; écusson entouré
de palmes et surmonté d'une couronne de marquis.

64 — Assiette à décors bleus, aux armes de la famille
Hurault de Vibraye, en Blésois.

65 — Assiette à décors bleus, avec deux écussons aux
armes des familles de Villars et de Bouflers, entourés d'un manteau ducal ; la bordure est formée
des pièces des armoiries.

66 — Assiette à décors bleus, avec deux écussons au
centre.

67 — Assiette à décors bleus ; bordure mélangée de fleurs
de lys, écusson aux armes de la famille de Plan-
tavit, en Languedoc.

68 — Grand plat de forme ovale, à bords festonnés, de
l'époque de Louis XIV ; décors bleus d'une grande
finesse ; au centre un écusson aux armes de la
famille de l'Escalopier.

69 — Plat à barbe de l'époque de la Régence ; riches
décors en manganèse, composés d'instruments de
musique ; au centre les armoiries de la famille de
Barras, en Provence.

Faïences de Nevers

70 — Assiette à décors bleus, avec deux écussons entourés
de bouquets de fleurs.

71 — Assiette avec armoiries, à décors de fleurs et d'oiseaux.

72 — Assiette avec arabesques sur le marli, et au centre
un grand écusson chargé de deux lions affrontés.

73 — Assiette à décors bleus ; sur le marli, arabesques
avec quatre médaillons ; au centre, deux écussons
supportés par des sauvages.

74 — Assiette de fiançailles; décors de fleurs sur le marli ;
au centre écusson entre deux palmes ; dans le haut
le nom de François Pourcher ; dans le bas celui
de Marguerite Minier.

75 — Encrier en forme de cœur, décors polychromes.

76 — Encrier de forme carrée.

77 — Très belle gourde à grosse panse, décors polychromes à personnages, XVIIIe s..

77 *bis* Plat creux : bergers avec un chien ; armoiries.

78 — Assiette à décors bleus, avec blason polychrome.

79 — Petite assiette aux armes de Henry de Brancas et
de Louise des Porcellets.

80 — Assiette à décors bleus, avec deux écussons surmontés d'une couronne de Comte.

81 — Assiette à fond bleu pâle, décors en camaïeu bleu représentant un chasseur poursuivant un cerf. Sur le marli, un écusson armorié.

82 — Assiette à décors bleus, en style japonais ; sur le marli, double écusson bourgeois, avec ornements imitant un casque.

83 — Assiette à décors bleu foncé, aux armes de Louis de Thomassin, évêque de Sisteron.

84 — Assiette creuse à décors de personnages et paysage ; au haut un écusson avec deux mains tenant un cœur enflammé.

85 — Petit plat avec armoiries, de la fin de l'époque chinoise.

Terre de Paris

86 — Pot à tabac en terre émaillée, genre de Palissy, par Victor Barbizet, potier à Paris.

Faïences de Rouen

87 — Bidet à décors bleus, XVIIIe s.

87 *bis* Petit plateau à décors polychromes très fins.

88 — Assiette armoriée à décors bleus.

89 — Autre analogue ; un arbre surmonté d'une fleur de
lys.

90 — Autre analogue ; écusson surmonté d'une couronne.

91 — Autre analogue ; au centre écusson bourgeois non
timbré.

92 — Autre analogue ; au centre couronne et manteau
ducal, avec les armes du duc de Caumont la
Force et de sa femme.

92 *bis* Assiette creuse, décors bleus du XVIIᵉ s. ; grand
écusson supporté par deux lions.

93 — Assiette à gaudrons, décors bleus ; au centre deux
écussons supportés par des lions.

94 — Assiette à décors bleus ; au centre un écusson polychrome, avec les armes d'un évêque de la famille de Cosnac.

95 — Assiette armoriée à décors bleu foncé.

96 — Autre analogue, riches décors ; deux écussons avec
casque et lambrequins.

Faïences de St-Jean du Désert

97 — Plat à décors bleu foncé ; écusson surmonté d'un
casque, représentant un arbre sur lequel est
appuyée une ancre de navire.

98 — Autre, plus petit, aux mêmes armes.

99 — Assiette à petits décors bleus ; au centre deux écussons surmontés d'une couronne de Comte.

100 — Autre analogue ; écusson surmonté d'un casque avec lambrequins.

101 — Assiette à décors bleus, avec armoiries.

102 — Assiette à décors en bleu et manganèse aux armes de la famille de Villeneuve, en Provence.

103 — Petite assiette à gaudrons, avec les armes de la famille Brun, de la ville d'Apt, en Provence.

Faïences de Varages

104 — Assiette à décors polychromes, de l'époque de Louis XVI, aux armes de la famille d'Audiffret, en Provence.

105 — Assiette à décors bleus foncés, aux armes de la famille Bernard de la Vernette, en Dauphiné.

106 — Assiette à décors bleus, aux armes de François Charron, marquis de Menars, beau-frère du ministre Colbert.

107 — Assiette aux armes de la famille de Rustrel, en Provence.

108 — Assiette à décors bleus, avec écusson et couronne de comte.

109 — Assiette du même genre, avec écusson et couronne de comte.

110 — Plat long, à pans coupés, aux armes de Michel-Antoine Baudrand, célèbre géographe, né en 1633, mort en 1700.

Poteries Étrusques

111 — Coupe à deux anses avec son plateau, en terre noire.

112 — Autre coupe, de même forme, sans plateau.

113 — Quatre petits vases de formes différentes.

NOTA : Ces six pièces proviennent des fouilles faites à Capoue.

Faïences de Faenza

114 — Grand plat à décors polychromes ; légère guirlande sur le marli, au centre les armes des familles d'Arcussia et Forbin.

115 — Petit plat pareil au précédent.

116 — Plat émaillé en blanc ; au centre armoiries polychromes.

116 *bis* Pot de pharmacie, figure de saint.

117 — Coupe armoriée, d'une ornementation analogue.

118 — Coupe armoriée, modelée à gaudrons ; ornementation analogue.

119 — Coupe à petits décors, en tons rouille, armoiries polychromes.

119 *bis* Plat à décors polychromes, avec écusson : d'or au sautoir de gueules accomp. de quatre lozanges.

Terres de la Frata

120 — Grand plateau en terre jaune, décoré sur engobe de terre blanche, et recouvert d'émail translucide ; écusson armorié entouré d'arabesques.

121 — Assiette de travail grossier ; écusson supporté par un aigle.

Faïence de Gubio

122 — Beau plat Hispano-Mauresque, fabriqué probablement à Gubio, vers la fin du xv⁰ siècle ; décors de trèfles et d'arabesques en bleu nacré, à reflets métalliques ; au centre une croix fleurdelisée d'or, cantonnée de quatre astres. ou molettes.

Pièce des plus remarquables.

122 *bis* Assiette à reflets métalliques et bleu nacrés aux armes du pape Clément VII (Jules de Médicis).

Faïence de Milan

123 — Plat ovale à bords festonnés ; décors polychromes rehaussés d'or, dans le style Japonais ; écusson aux armes de la famille Pépola.

Faïence de Naples

123 *bis* Assiette à décors de Manganèse avec parties vertes, décorée de grotesques et paysages ; écusson armorié.

Faïences de Savone

124 — Plateau à neuf pieds, à décors bleus, divisé en plusieurs compartiments ornés d'amours ; au centre écusson armorié.

125 — Petit plat à décors bleus ; armoiries au centre.

126 — Assiette à décors bleus, écusson armorié, sous lequel on lit les mots : " Con Labore ".

127 — Petit plat à riches décors bleus ; au centre, sur un écusson d'argent, un arbre chargé de deux oiseaux.

128 — Plat à décors polychromes (dit Copa amatoria),
avec écusson surmonté d'une couronne ducale,
de laquelle sort un homme tenant un arc et
une flèche.

129 — Grand plateau à décors bleus, représentant des
pêcheurs dans un étang ; cartouche armorié
dans le haut.

130 — Plat martelé, à bords découpés ; décors de fleurs,
écusson au centre.

130 *bis* Plat représentant un sujet mythologique ; écusson
surmonté d'un chapeau d'évêque.

Faïences d'Urbino

131 — Assiette décorée d'arabesques en bleu, jaune et
noir, sur fond émaillé en blanc (fin du XVIᵉ siècle).

132 — Très belle coupe décorée en polychrome ; le satyre
Marsias écorché, est attaché à un arbre ; sur la
gauche Apollon victorieux ; au centre un bour-
reau tendant à ce dieu la flûte du vaincu.

(Remarquable pièce du commencement du XVIᵉ siècle).

133 — Grande vasque à décors polychromes, armoiries
au centre (XVIᵉ siècle).

133 *bis* Pot de pharmacie, XVIᵉ s., riches décors.

Faïence de Venise

134 — Grand plat avec écusson polychrome soutenu par
deux femmes.

Porcelaines Allemandes

135 — Deux vases cache-pots en porcelaine à pâte dure,
de la fabrique de Dresde ; décors en or et couleurs.

136 — Tasse en porcelaine de Saxe et soucoupe à la
marque de Frankental, de l'époque de Charles
Théodore.

137 — Soucoupe en porcelaine de la fabrique de Meissen,
à personnages en costumes du XVIIIᵉ s.

138 - Poêlon trépied en pâte dure, de la fabrique de
Meissen, d'une grande finesse d'exécution ;
marque aux épées, bleu pâle, au grand feu,
vers 1731.

139 — Tasse en ancienne porcelaine de Saxe.

140 — Assiette avec ancien décor de Saxe.

141 — Sucrier en vieux Saxe.

142 — Deux vases cache-pots en porcelaine à pâte dure,
avec reliefs dans la pâte. Décors à bouquets de
fleurs ; monture en bois sculpté.

143 — Tasse à chocolat, avec couvercle et soucoupe ; décors de personnages.

Porcelaines Biscuits d'Astbourg

144 — Grand vase à anses en biscuit bleu tendre, orné de reliefs blancs, de la fabrication de Wedgwood, à Astbourg (Angleterre).

Pièce très remarquable.

145 — Pot au lait, même fabrication.

146 — Beurrier, même fabrication.

147 — Deux tasses avec soucoupes, de la même fabrication et d'une très grande finesse d'exécution.

148 — Deux cache-pots de la même fabrication (dont un réparé).

149 — Deux vases-cornets de la même fabrication, en bleu plus foncé.

Terres de Pipe

150 — Quatre corbeilles à fruits, avec bordures à jour, de forme ovale (XVIIIᵉ s.).

151 — Corbeille à fruits analogue, forme ronde.

152 — Cinq plats à fruits, même travail, de forme ovale.

153 — Soupière à reliefs, époque de Louis XV.

154   Petit cache-pot, de la même fabrication.

Porcelaine de Paris

155 — Verre d'eau, composé de : plateau, carafe, sucrier
     et verre à pied ; riche décor en or et couleurs.

156 — Chocolatière, riches décors à fleurs (fèlure).

157 — Petit vase cache-pot, porcelaine à pâte dure de la
     fabrique de Monseigneur le comte de Provence,
     à Clignancourt.

Porcelaines et Biscuits de Sèvres

158 — Un service exécuté à Sèvres, par ordre du Roi
     Louis XVIII, pour Mme la Duchesse de Berry,
     composé de onze tasses avec leurs soucoupes ;
     chaque tasse est ornée des portraits de trois Rois
     de France, en camaïeu brun.

159 — Quatorze médaillons à fond bleu, reliefs blancs,
     cadres d'ébène : François Ier, Henri IV, Louis XIV,
     Louis XV, Louis XVI, Marie-Antoinette, Duc et
     Duchesse d'Angoulême, Duc et Duchesse de Ber-
     ry, Duc de Bordeaux, Mademoiselle de France,
     Louis XVIII, Charles X.

159 *bis* Deux médaillons, biscuit blanc à filets d'or ; le Roi
     Louis XVIII et la Reine.

Porcelaine de Chine et du Japon

160 — Grand vase en porcelaine de Chine, à décors
bleus ; le couvercle en porcelaine du Japon,
d'une fabrication beaucoup plus belle.

161 — Très beau pot (ou aiguière) en vieux chine de la
famille verte ; avec couvercle en bronze doré.

162 — Soupière en vieux chine, de très belle qualité :
forme ronde ; (réparations).

163 — Soupière en vieux chine, décors à fruits détachés,
forme ovale.

  (Pièce remarquable).

164 — Paire de potiches en ancienne porcelaine chinoise ;
fond bleu uni, à dessins d'or.

165 — Petite cafetière ; décors en couleur.

166 — Petite tasse d'une grande finesse de porcelaine et
de décoration.

167 — Cinq plats longs, à pans coupés, de différentes
dimensions.

168 — Plat creux de forme carrée, époque de Louis XV.

169 — Plat creux, à pans coupés.

170 — Assiette fond vert, décors à fleurs, montée en
bronze.

171 — Coupe en vieille porcelaine du Japon montée en
bronze doré.

172 — Douze assiettes creuses, en vieux japon de très
belle qualité.

173 — Douze assiettes plates, semblables aux précé-
dentes.

174 — Vingt-deux assiettes diverses en vieux japon.

(Ce lot sera divisé).

Grès allemands

175   Petit pot à anse de la fabrique de Munich, à émail
bleu ; au centre, l'aigle impériale (XVIIe s.)

176 — Autre pot du même genre, avec ornements en
partie gravés, en partie en relief, le fond émaillé
en bleu ; sur le devant la date de 1701.

177 — Autre avec fleurs en relief, et parties émaillées en
bleu ; même époque.

178 — Autre de la même époque, émaillé en bleu et en
violet, avec son ancienne monture en étain.

179 — Grande cruche à fond d'émail bleu, avec ornements gris en relief (XVIIe s.)

180 — Petit flacon gris.

181 — Porte-allumettes formé de deux cornes d'abondance surmontées d'une tète d'homme, avec ornements métalliques.

182 — Deux petits pots à anses.

183 — Deux petits vases gris, à fleurs émaillées en couleur.

184 — Deux vases à tulipes, à trois godets en terre
émaillée.

185 — Chope à bière avec anse, ornée de feuillage émaillé
en couleur.

186 — Autre plus grande, sans anse, même travail.

187 — Chope en forme de chaussure, avec inscription en
langue allemande ; émail blanc à l'intérieur,
ornements métalliques.

188 — Petit siège en forme de baril, en grès anglais,
émaillé en vert.

VERRERIES DE BOHÊME & DE VENISE

189 — Pot à eau et son couvercle, verre taillé à facettes et gravé, fin du xviie s.

190 — Huillier en verre de Bohême, avec ses burettes.

191 — Verre en forme de botte de cavalier Louis XIV.

192 — Grand vidrecome émaillé en couleurs, représentant l'Empereur entouré de sept Princes Électeurs, ayant chacun à leurs pieds un écusson à leurs armes. Il porte la date de 1593.

> Cette belle pièce et les trois suivantes faisaient partie du mobilier du Maréchal de Saxe, au château de Chambord.

193 — Grand vidrecome émaillé en couleurs ; au centre les armes de Saxe. Il porte la date de 1638.

194 — Petit vidrecome portant la date de 1656. Il représente cinq personnages en costumes militaires ; au milieu un écusson aux armes de Saxe.

> (Pièce remarquable).

195 — Vidrecome en verre de Bohême, avec peintures émaillées en couleur, portant la date de 1658 ; au milieu l'aigle impériale, dont les ailes sont chargées des 56 écus de provinces ou villes libres faisant partie de l'Empire.

> (Belle pièce).

196 — Deux vidrecomes en verre de Bohême, avec armoiries émaillées.

197 — Petite carafe en verre jaune gravé.

198 — Sucrier en verre dépoli, à tons blancs et verts, représentant un melon.

199 — Flacon en verre rouge gravé.

200 — Quatre verres à vin du Rhin, gravés et dorés, à
feuilles de vigne.

201 — Sept carafes en ancien verre de Bohême gravé ou
à facettes.

(Ce lot sera divisé).

202 — Neuf verres de Bohême et de Venise, dont six à
filets blancs.

203 — Neuf verres de Venise à pieds, dont quatre avec
filets rouges.

204 — Six pièces de formes diverses en verre de Venise
(XVIe siècle.)

205 — Salière avec mascarons en verre bleu.

206 — Flacon à onze pans, très finement gravé à riches
arabesques ; sur le devant, les écussons accolés
des familles Sagrédo et Pisani.

207 — Coupe en verre de Venise.

(xviiᵉ siècle.)

208 — Double plateau réuni par une tige, pour mettre
des fleurs.

MEUBLES DIVERS

---

209 — Grande commode florentine, du xviiᵉ siècle, en
bois de noyer sculpté; les montants représentent
le massacre des Innocents; les poignées sont
formées d'enfants portés par des dauphins. Les
entrées de serrure sont en cuivre découpé et doré.

210 — Commode de l'époque de Louis XIV, en bois noir,
cuivres dorés.

211 — Commode Louis XV, en bois de palissandre à
fils contrariés, cuivres anciens; beau marbre
brun, tacheté de blanc.

212 — Petite commode Louis XIV, plaquée en bois de
palissandre et de violette, à fils contrariés; ca-
nelures, chutes, poignées et sabots en cuivre;
marbre rouge brun.

213 — Commode de l'époque de la Régence, en bois de
palissandre et de violette, avec beaux cuivres
anciens; marbre bleu turquin.

214 — Petite commode Louis XVI, en palissandre et bois de rose, avec filets verts ; marbre gris-rose à pans coupés.

215 — Petite commode Louis XVI, en bois de rose avec marqueterie ; marbre gris, cuivres anciens.

216 — Commode Louis XVI, en bois de rose avec incrustation de filets de bois de couleur; marbre gris-rose.

217 — Grande armoire grillagée en bois de palissandre avec cannelures en cuivre ; xviie siècle.

218 — Petit cabinet à tiroirs, avec incrustations d'ivoire d'une grande finesse ; pied à colonnes torses.

(Travail vénitien du xvie siècle).

219 — Deux encoignures Louis XVI, avec marqueterie : marbres gris.

220 — Petite encoignure à portes arrondies, en ancienne imitation de laque.

221 — Lit en bois de noyer ; colonnes à double torse, dossier sculpté, baldaquin et rideaux d'étoffe à rayures.

(xviie siècle).

222 — Table de nuit en bois de noyer, supportée par quatre colonnes torses ; dessus en marbre blanc.

223 — Deux lits jumeaux en bois sculpté, avec dossiers
et baldaquins ; sur le devant écussons armoriés.

(Travail Suisse du xviie siècle).

224 — Deux lits de la fin de Louis XVI, à colonnes déta-
chées, laqués en blanc, avec filets dorés.

225 — Autre de même époque, plus petit.

226 — Coffre de fiançailles en bois sculpté rehaussé d'or ;
armoiries sur le couvercle.

(Travail Italien du xviie siècle).

227 — Petit coffre à bijoux, d'un travail analogue, probablement Vénitien.

228 — Coffre à bijoux, à couvercle arrondi, en mosaïque
de cuir, avec arabesques en peau noire et niellures dorées au petit fer, dans le genre des
reliures du xvie siècle, serrure du temps en fer
ciselé.

(Pièce curieuse).

229 — Grand coffret en écaille et ivoire, de travail His-
pano-Arabe ; fin du xve siècle ; avec sa table
incrustée.

Il provient de la Chartreuse de Miraflorès, près de
Grenade.

230 — Deux boîtes en vernis Martin.

231 — Deux autres de forme différente.

232 — Nécessaire à écrire s'ouvrant en forme de pupitre, en bois d'acajou avec coins et monture en cuivre.

233 — Boîte à odeurs, à quatre flacons, en écaille, genre Boulle.

234 — Cassette à coins arrondis, de même travail.

235 — Grande boîte à jeu en laque de Chine.

236 — Cent vingt jetons, en nacre gravée et découpée, de travail Chinois.

237 — Boîte à thé, en laque de Chine.

238 — Boîte à thé en cristal, dans une enveloppe en bois des îles découpé à jour.

(Travail Anglo-Indien).

239 — Grande malle ancienne, recouverte de cuir noir et garnie de petits clous.

240 — Petite table à ouvrage en bois d'ébène, avec plaques d'ivoire gravées.

(Travail Génois du xviie siècle)

241 — Table carrée en marqueterie, avec pieds en noyer tourné.

(Époque de Louis XIV).

242 — Petite table à manger, époque de Louis XIV, pieds à balustres réunis par un X.

243 — Table de travail s'ouvrant en deux et supportée
par six pieds à balustres dont deux sont mobiles;
elle est en noyer plaqué de fresne, avec filets en
bois de violette.

(Travail Provençal du xviie siècle).

244 — Grand bureau plat, à tiroirs, de l'époque de
Louis XIV : marqueterie d'une grande finesse
exécutée sur les dessins de Jean Bérain, pour le
marquis Bruny d'Entrecasteaux, dont les armes
se trouvent sur le devant.

245 — Très belle console Louis XIV en bois de chêne richement sculpté ; forme dite " de Versailles " ;
beau marbre rouge.

(Vient du château de Menars.)

246 — Jolie petite table guéridon en bois de violette,
avec un peu de marqueterie.

(Époque Louis XV).

247 — Petite table à ouvrage Louis XVI, en forme de
haricot.

248 — Grande table ronde en acajou ciré avec galerie de
cuivre et marbre Sainte-Anne.

249 — Petit guéridon à trois pieds en acajou.

(Fin de Louis XVI.)

250 — Jolie table console à quatre faces, forme carrée, à
coins arrondis, bois finement sculpté, marbre
rouge et blanc.

(xviiie siècle.)

251 — Petite console en bois doré, marbre rose.
(Même époque).

252 — Console à tiroir, fin Louis XVI ; acajou et cuivre, marbre blanc.

253 — Table à ouvrage, vide-poches à trois étagères.
(Même époque.)

254 — Table de forme allongée, en acajou avec filets, posée sur des tréteaux.
(Même époque.)

255 — Table-bureau en acajou, dite à la Tronchin.
(Même époque.)

256 — Table à écrire avec deux tiroirs, en bois noir.
(Même époque.)

257 — Petite table à ouvrage en acajou.
(Même époque.)

258 — Grand bureau à cylindre en acajou, avec très beaux cuivres ciselés, dorés, exécuté par Jacob pour le Premier Consul, et donné par lui le 1er décembre 1804 à M. François de Neufchâteau, président du Sénat.
(Très beau meuble dont les bronzes ont dû être exécutés par Gouthière.)

259 — Grande console carrée en acajou ; cuivres dorés, marbre Sainte-Anne.
(Fin de l'Empire.)

260 — Table de trictrac en acajou, formant table à jeu,
table à écrire, damier, échiquier, etc., avec ses
jeux complets en ébène et ivoire.

(Époque de la Restauration.)

261 — Joli guéridon en palissandre, avec incrustation en
citronier.

(Même époque.)

262 — Table-corbeille en acajou ; griffes-sabots en bronze
doré.

(Même époque).

263 — Table ronde à un seul pied ; dessus en marbre
Sainte-Anne.

(Même époque.)

264 — Petite table à broder en acajou, à volets se ra-
battant.

(Même époque.)

265 — Très beau guéridon en mosaïque romaine, exécuté en 1862 par le professeur RINALDI ; pied à
trois branches en fer doré.

266 — Grand guéridon formé d'un plat creux en ancienne
porcelaine du Japon ; monture en bronze doré.

267 — Deux escabeaux italiens du XVI° siècle.

268 — Autre, même époque, à grand dossier s'éva-
sant dans le haut.

269 — Autre, même époque ; écusson chargé d'une
tour.

270 — Fauteuil français du xvi⁰ siècle, avec lambeaux
de garniture.

271 — Autre semblable.

272 — Escabeau français du xvii⁰ siècle, avec écusson
armorié.

273 — Escabeau suisse, portant la date de 1665, avec
écusson armorié.

274 — Autre de même origine, en bois grossièrement
sculpté.

275 — Chaise italienne du xvi⁰ siècle, avec larges clous
de cuivre estampés.

276 — Escabeau suisse du xviii⁰ siècle, représentant
deux enfants soutenant un écusson.

277 — Deux fauteuils Louis XIV à grands dossiers, pieds
et montants à double torse, griffes de lion ; avec
anciennes housses en lampas flammé.

278 — Deux fauteuils de la même époque, bois finement
sculpté ; pieds à croisillons. L'un d'eux a son
ancienne housse en toile brodée.

279 — Grand canapé de la même époque, bois finement
sculpté, recouvert de son ancienne tapisserie de
soie, représentant des fleurs et des fruits.

(Ce canapé vient de la maison du peintre Mignard,
à Avignon).

280 — Chaise longue à grand dossier de la même époque ;
bois très fin. (Beau meuble.)

281 — Chaise à grand dossier de la même époque, pieds
à balustres, tapisserie au petit point ; pavots sur
fond blanc.

282 — Autre chaise du même genre : les pieds et les
barreaux sont sculptés ; tapisserie au point représentant des fruits.

283 — Fauteuil à balustres, de la même époque, tapisserie au gros point représentant des pavots.

284 — Huit fauteuils de la fin de Louis XIV : bois sculptés,
sièges et dossiers cannés.

285 — Fauteuil en bois de noyer sculpté, du commencement de la Régence.

286 -- Grande bergère richement sculptée, de la même
époque.

287 — Canapé divan Louis XVI, recouvert de cretonne
rouge, avec trois coussins.

288 — Trois fauteuils Louis XVI, bois peints, sièges paillés
en couleur.

289 — Deux chaises de la même époque, pieds cannelés,
dossiers ovales.

290 — Chaise percée Louis XVI, à siège canné.

291 — Bidet Louis XVI, garni de cuir.

292 — Grand fauteuil de malade à roulettes garni de ba-
zanne verte.

(Même époque.)

293 — Magnifique meuble de salon bien complet, composé d'un canapé, quatre fauteuils et quatre
chaises, bois d'acajou ornés de cuivres ciselés et
dorés, et recouverts de tapisseries d'Aubusson
d'une grande finesse représentant des oiseaux et
des animaux.

(Les bois sont signés de Jacob et portent la marque
du mobilier de Fontainebleau ; les tapisseries ont
été faites pour le cabinet de l'empereur Napoléon Ier et sont encadrés avec des aigles.)

294 — Deux grands tabourets en forme d'X, bois laqué,
garnis de satin ponceau.

(Même époque.)

295 — Fauteuil en acajou à têtes de dauphins, garni de
satin blanc broché.

(Même époque.)

PENDULES, LUSTRES, FLAMBEAUX

296 — Grande garniture de cheminée, se composant d'une
pendule en marbre rouge antique avec groupe
en bronze florentin, l'Amour et Psyché, et deux
candélabres à six bougies, assortis à la pendule.

(Époque de l'Empire.)

297 — Garniture de cheminée composée d'une pendule en
cuivre doré, avec personnage en bronze vert
(Appollon), et de deux candélabres assortis, représentant des victoires.

(Même époque.)

298 — Pendule à colonnes en albâtre blanc, avec deux
vases ; partie de suspension et pied de coupe.

(Restauration.)

299 — Garniture de cheminée composée d'une pendule,
deux vases et deux coupes en albâtre jaune.

(Même époque.)

300 — Pendule en bronze vert, avec un buste représentant
Homère.

(Même époque.)

301 — Porte-montre en bois doré, représentant un Turc.

(Époque de Louis XV.)

302 — Autre en bois naturel, représentant une bergère.
(Époque de Louis XVI.)

303 — Deux grands candélabres vénitiens du xvie siècle,
en bois sculpté et doré, avec figurines peintes au
naturel.

304 — Chandelier en cuivre uni.
(Époque de Henri II.)

305 — Deux flambeaux à trois branches en cuivre poli.
(Époque de Louis XIV.)

306 — Deux flambeaux argentés.
(Même époque.)

307 — Très belle paire de candélabres de l'époque de
Louis XVI, formés de femmes en bronze, posées
sur des socles de marbre blanc, et portant une
corne d'abondance.
(Viennent du château de Menars.)

308 — Deux flambeaux argentés.
(Même époque.)

309 — Deux autres, très beau modèle.
(Même époque.)

310 — Deux autres du même genre.

311 — Belle paire de flambeaux Louis XVI, en bronze ciselé et doré.

312 — Deux autres, même époque, en cuivre gravé.

313 — Deux autres analogues.

314 — Deux grands chandeliers de corridors en cuivre argenté, avec leurs globes.

> (Même époque.)

315 — Veilleuse ; Enfant à la bulle de savon.

316 — Petit lustre à neuf bougies, en cuivre doré, orné de nombreuses pendeloques de cristal, en forme de gouttes d'eau.

317 — Deux demi-lustres appliques, en cuivre doré, ornés de cristaux taillés.

> (Époque de la Restauration).

318 — Un Demi-lustre analogue aux précédents.

319 — Une paire d'appliques en cuivre doré de l'époque de Louis XV.

320 — Une paire d'appliques en cuivre doré à trois lumières, de l'époque de la Restauration.

321 — Autre paire, semblable à la précédente.

322 — Flambeau de travail à deux bougies, en bronze Florentin, avec abat-jour, orné de motifs copiés sur l'antique.

MIROIRS, CADRES, OBJETS DIVERS

323 — Glace miroir de l'époque de Louis XIV, avec fronton
et chutes.

324 — Grand miroir de l'époque de la Régence, en bois
sculpté et doré.

325 — Joli miroir de toilette de l'époque de la Régence;
bois sculpté à jour et doré.

326 — Jolie bordure de miroir, bois sculpté rehaussé d'or;
glace à biseau.

   Travail Vénitien de la fin du xvie siècle.

327 — Miroir en longueur, cadre richement sculpté avec
fleurs et fruits.

   (xviie siècle).

328 — Très petit miroir de toilette de l'époque Louis XV :
bois doré finement travaillé à jour.

329 — Glace miroir de l'époque de Louis XVI, cadre doré,
avec fronton orné de laurier et colombe.

330 — Grand miroir de l'époque de Louis XIII, cadre avec
fronton, orné de cuivres repoussés ; glace à
biseaux.

331 — Grand cadre Italien en bois d'ébène guilloché, avec niellures dorées, contenant neuf petits panneaux de glaces biseautées.

(xviie siècle).

332 — Deux cadres à pieds, de l'époque de Henri IV, en bois sculpté et doré, avec cariatides et têtes de chérubins.

333 — Cadre de miroir en bois de noyer, avec fronton brisé et tête de satyre ; dans le bas des branches de laurier ; glace biseautée.

334 — Petit miroir de l'époque de Louis XIII, en marqueterie de bois, avec cordon d'ivoire et d'ébène ; glace biseautée, entourée d'une bordure de glace.

335 — Miroir Flamand du xviie siècle, en ébène guilloché, orné de plaques d'ivoire gravées représentant des paysages, des costumes et des ornements : ancienne glace de Venise à bords biseautés.

336 — Petit cadre de miroir du xviie siècle, en bois d'ébène avec plaques de bois plus clairs et légers filets d'étain ; glace biseautée.

337 — Trois cadres ovales en bois sculpté et doré.

Travail Espagnol du xviiie siècle.

338 — Cadre en forme de coquille.

339 — Plusieurs cadres de formes différentes.

340 — Plusieurs cadres appliques, porte-lumières de formes
et d'époques différentes, en bois sculpté et doré.

341 — Plusieurs frontons et morceaux de cadres en bois
sculpté et doré.

342 — Très beau cul-de-lampe, en forme de console de
l'époque de Louis XIV, en bois sculpté et doré.

343 — Petit cul-de-lampe de l'époque de Louis XV, en bois
sculpté et doré.

344 — Grande glace de toilette, dite Psyché, en acajou, à
colonnes rondes.

(Époque de la Restauration)

345 — Deux nègres vénitiens, porte-vases, en bois sculpté,
laqué en couleurs et or, supportant un coussin
placé sur leur tête.

346 — Ecran en acajou, garni de soie rouge.

(Époque de la Restauration).

347 — Ecran en bois de noyer, contenant une tapisserie
au point de Saint-Cyr, bouquets de fleurs, sur
ciel nuancé, entouré d'ornements au gros point.

(XVIIe siècle.)

348 — Jardinière en bois de rose, avec ornements en
cuivre.

349 — Bureau écran en bois de palissandre, avec incrustations de citronnier ; meuble anglais de l'époque
de la Restauration.

350 — Petite armoire grillée pour accrocher à la muraille.

(Époque de Louis XVI).

351 — Panneau gothique à jour, formant devant de jardinière.

352 — Cache-pot carré, en bois de noyer sculpté.

353 — Bassin à fleurs, en cuivre repoussé à gros gaudrons ;
pieds de lions et mascarons.

354 — Deux vases de l'époque de Louis XVI, en marbre
albâtre rose.

(Viennent du château de Menars).

355 — Pupitre à lire, avec peinture représentant un per-
roquet.

(Époque de la Restauration).

356 — Tric-trac en bois d'ébène, incrusté d'arabesques et
de plaques d'ivoire gravées. Quand il est fermé,
l'un des cotés forme jeu de Jaquet, et l'autre jeu
de Dames.

(Travail italien du xviiᵉ siècle).

357 — Médaillon ovale en carton repoussé, représentant
une tête d'empereur romain, et ayant servi à la
décoration des arènes d'Arles, en 1660.

358 — Cartouche en bois sculpté, aux armes de la famille
de Rivettes des Baux.

359 — Panneau en cuir gaufré du xvi° siècle ; arabesques ; au centre, médaillon avec tête de jeune
femme.

360 — Statuette en bois peint, représentant sainte Anne
tenant sur ses genoux la Vierge, qui tient elle-
même l'Enfant Jésus ; ancienne reproduction de
la statue miraculeuse de Grenade.

(xvi° siècle).

361 — Cartouche en bois sculpté, représentant un saint.

(Travail espagnol du xvii° siècle).

362 — Bas-relief en bois sculpté rehaussé d'or, représentant l'Assomption de la Vierge. Tableau et cadre
sont taillés dans le même morceau.

(Travail flamand du xvii° siècle).

363 — Quatre bas-reliefs en bois sculpté, avec peintures
rehaussées d'or :
1° Le Songe de Jacob ;
2° La Mâne dans le désert ;
3° La Pâque des Hébreux ;
4° Alexandre et le Grand-Prêtre.

(Travail italien du xvi° siècle).

364 — Haut-relief en cires de couleurs, représentant
l'Adoration des Bergers.

(Travail français de la fin du xvii° s.)

365 — Cadre reliquaire en bois doré, contenant une cire coloriée, représentant la sainte Famille.

366 — Cadre formant niche, contenant une statuette antique, en partie en bronze, en partie en bois. Les parties actuellement en bois devaient être primitivement en marbre ou en ivoire.

(Pièce très curieuse).

367 — Onze petits cadres renfermant des albâtres sculptés, rehaussés de dorure, représentant des scènes de l'ancien et du nouveau Testament.

(Travail italien du xvɪᵉ siècle).

368 — Cadre de Christ en bois doré, avec glaces et palmette dans le haut.

(Travail arlésien, xvɪɪɪᵉ siècle.)

369 — Cadre analogue, avec les ornements de la Passion.

(Même époque.)

370 — Très beau calvaire en bois d'ébène, avec bas-reliefs et ornements en argent repoussé ; le Christ et sainte Madeleine en bronze doré et ciselé.

(Travail espagnol du xvɪɪᵉ siècle).

371 — Crucifix en bois d'ébène, avec Christ et ornements en bronze doré.

372 — Quatre flambeaux d'église analogues.

(Travail espagnol du xvɪɪᵉ siècle).

372 *bis* Quatre autres en bois.

(Même époque).

373 — Grande croix reliquaire en ébène et cuivre doré,
     ornée de pierres dures.

374 — Petit autel en forme de portique, en bois rehaussé
     d'or ; au milieu, tableau représentant le Christ
     avec la Vierge et saint Jean ; dans le bas les ar-
     moiries du cardinal François Nerli.

     (Travail italien du xvie siècle).

375 — Croix d'église en bronze, à bras fleurdelisés.

376 — Petite croix reliquaire, ébène et bronze doré.

377 — Autel formant reliquaire, avec colonnes et fronton.

378 — Cadre italien du xviie siècle, en bois doré, sculpté
     à hauts reliefs, représentant des enfants au mi-
     lieu de feuillages, et contenant une tête de Vierge
     en faïence polychrome d'Urbino.

379 — Statue de la Vierge en marbre blanc.

     (Travail espagnol du xviiie siècle).

380 — Médaillon ovale en marbre, représentant l'Assomp-
     tion de la Vierge ; cadre ancien avec bordure à
     jour.

381 — Médaillon en cuivre repoussé et doré, représentant
la sainte Vierge, dans un cadre ovale en bois
sculpté.

(Travail français du xviie siècle.)

382 — Grand fronton et ornements de l'époque de Henry II;
Aigle soutenant des guirlandes.

383 — Quatre cuivres gravés anciens ; paysage et sujets
de piété.

384 — Statuette en ivoire, du xviie siècle, représentant
Mercure.

385 — Statuette en bronze de l'époque de Louis XV, représentant la déesse Flore.

386 — Statuette en bronze représentant un philosophe
romain.

387 — Statuette en bronze représentant l'apôtre Judas.

388 — Six bois de cerf, de taille et de montures différentes.

(Ce lot sera divisé.)

389 — Tête de cerf posée sur un cartouche, supportant
deux cornes bizardes.

(Travail allemand du xviie siècle.)

BIJOUX & CURIOSITÉS

390 — Camée coquille, représentant la Sainte Vierge
et l'Enfant Jésus.

(Travail italien).

391 — Mosaïque de forme ronde, représentant les pigeons
du Capitole.

(Travail romain du xviiᵉ siècle ; d'une grande
finesse).

392 — Bonbonnière ronde, en argent émaillé en vert,
avec bouquet de fleurs.

393 — Petite bonbonnière ovale, en onyx.

394 — Bonbonnière ronde, en émail de Saxe, rehaussé
d'or, monture en argent gravé et doré.

(xviiᵉ siècle).

395 — Cadre de médaillon en cailloux du Rhin, de forme
ovale.

(Travail espagnol du xviiiᵉ siècle).

396 — Médaillon orné de pierres dures, renfermant un
sujet de piété.

(Travail espagnol du xviiᵉ siècle).

397 — Petite vierge en argent doré, entourée d'une guirlande de fleurs.

(Travail espagnol du xviiᵉ siècle).

398 — Paire d'anciennes boucles d'oreilles en argent, des paysannes de Murcie.

399 — Pot à bière en étain, fondu par François Briot, d'après le modèle de Benvenuto Cellini ; les trois médaillons représentent : la Patience, l'Habilité et la Force.

(Très belle pièce du XVIe siècle).

400 — Coupe en bronze Florentin, avec bas-reliefs, et parties dorées.

(Travail moderne).

401 — Petite coupe en ivoire sculpté, de forme ovale, représentant les quatre saisons ; le couvercle est surmonté d'une licorne, et le pied est formé par deux serpents entrelacés.

(Travail français du XVIIe siècle.)

402 — Etui en ivoire finement sculpté.

(Ancien travail chinois.)

403 — Rouleau de serviette en ivoire sculpté.

(Travail badois.)

403 *bis* Un rouet à filer, en bois tourné, d'une grande finesse de travail.

(Époque de Louis XV).

404 — Sablier double, marquant les demies et les quarts, monté en cuivre gravé et découpé.

(Pièce rare du XVIIe siècle.)

405 — Moulin à poivre du XVIIe siècle, en bois sculpté.

406 — Encrier en marbre jaune antique, en forme de double lampe.

(Travail romain.)

407 — Copie de lampe antique en lave du Vésuve, représentant un esclave agenouillé.

408 — Encrier en coquillages, monté en argent.

409 — Encrier de bureau avec garniture en cuivre argenté.

(Époque de Louis XVI.)

410 — Autre encrier, de la même époque, avec une sonnette.

411 — Encrier en bronze, représentant le temple de Vesta à Rome : socle en marbre jaune antique.

412 — Cigogne en bronze, montée sur marbre jaune antique, formant presse-papier.

413 — Stylet de dame vénitienne de la fin du XVIe siècle ; la poignée en bois sculpté représente Adam et Ève : la lame est creuse et contient une seconde lame empoisonnée.

414 — Pied de calice en cuivre ciselé et doré.

(Époque de Louis XIII).

415 — Plaque de devant d'une poudrière de la fin du XVIe siècle, en cuivre fondu et doré, avec filets d'émail blanc et bleu.

(Pièce rare.)

416 — Petit amorçoir en cuivre ciselé et argenté.
(Époque de Louis XIV).

417 — Boule à éponge, en cuivre argenté.
(Fin du xviie siècle).

PORTRAITS A COSTUMES

Des XVIe et XVIIe Siècles

TABLEAUX et GRAVURES

---

418 — Portrait d'une dame flamande, le cou enfermé
dans une fraise tuyautée et la tête couverte de
dentelles ; à l'angle droit un écusson armorié
(xvie siècle). Bordure du temps à larges rinceaux
rehaussés d'or.

419 — Portrait sur panneau d'Henriette de Balzac d'En-
traigues, marquise de Verneuil, en costume de
chasse (xviie siècle). Bordure du temps en bois
de noyer rehaussé d'or.

420 — Portrait sur carton représentant un sénateur florentin, vêtu d'une robe rouge à larges manches
. (xvie siècle). Bordure du temps en bois sculpté
rehaussé d'or.

421 — Petit portrait d'une jeune femme de l'époque de
Henri II. Bordure italienne en bois noir guilloché
du xviie siècle.

422 — Petit portrait sur panneau représentant une dame
de l'époque de Marie Stuart : robe montante en
velours brun, fleurs dans les cheveux (xvie siècle). Cadre en bois rehaussé d'or.

423 — Portrait de Marie de Portugal, première femme de
Philippe II, roi d'Espagne.

424 — Portrait de Marie d'Angleterre, seconde femme de
Philippe II d'Espagne.

(xvie siècle).

425 — Portrait de Louise de Lorraine Vaudémont, femme
du roi Henri III.

(Fin du xvie siècle).

426 — Petit portrait sur panneau représentant une jeune
femme en costume riche, le sein nu ; copie faite
à Rome, en 1862, par Menchetti. Cadre florentin,
rehaussé d'or, de la fin du xvie siècle.

427 — Portrait d'une jeune femme vêtue d'une robe
blanche montante, à petites torsades d'or, la tête
couverte d'un voile brodé d'or ; pierreries sur la
poitrine (xvie siècle). Cadre sculpté rehaussé
d'or.

428 — Portrait d'une princesse de la maison de Médicis,
en riche costume de fantaisie, coiffure supportant
une aigrette et un écusson à ses armes (XVIe siècle). Ancien cadre italien à larges rinceaux.

429 — Portrait d'une autre princesse de la même maison
(même époque). Cadre vénitien du temps, en
bois rehaussé d'or, dans son ancien état.

430 — Portrait d'une dame en costume du XVIIe siècle ;
grande collerette plate en guipure. Cadre sculpté
rehaussé d'or.

431 — Portrait de jeune femme en costume de la fin du
XVIe siècle ; grosse collerette tuyautée. Cadre en
bois sculpté rehaussé d'or.

432 — Portrait de femme en riche costume de cour de la
fin du XVIe siècle ; robe en satin blanc, recouverte
d'un autre vêtement de damas violet. Cadre
d'une grande finesse en bois rehaussé d'or.

433 — Portrait de Bianca Capello, femme de François de
Médicis ; robe blanche brodée d'or et de pierreries.

(XVIe siècle.)

Cadre de la même époque, avec demi-colonnes.

434 — Autre portrait de Bianca Capello ; cadre italien du
XVIIe siècle, en ébène guilloché, orné de plaques
d'ivoire.

435 — Autre portrait de Bianca Capello ; cadre sculpté rehaussé d'or.

436 — Portrait de César Borgia (d'après Raphaël.) Cadre en bois rehaussé d'or.

437 — Portrait de jeune femme en riche costume de fantaisie, rappelant le vêtement des juives à la fin du xve siècle.

> Ancienne peinture sur panneau d'une grande finesse de détails. Très beau cadre florentin en noyer rehaussé d'or.

438 — Petite copie du tableau dit : " La Belle du Titien ". Cadre en bois rehaussé d'or.

439 — Portrait d'un prince de la maison d'Este couvert d'une armure ciselée. Cadre en bois rehaussé d'or.

440 — Portrait sur panneau de la reine Eléonore d'Autriche. Cadre en bois d'olivier avec marqueterie.

> (Travail provençal du xviie siècle.)

441 — Portrait d'une jeune femme en costume du xvii° siècle ; robe noire avec grand col de dentelles relevé, formant cercle derrière la tète. Cadre du xviie siècle, en bois d'olivier, avec filets noirs.

442 — Portrait de jeune femme vêtue d'un riche costume en drap d'or. Cadre du xviie siècle en bois d'olivier à filets noirs.

443 — Portrait de la reine Élisabeth d'Angleterre (xvii^e
siècle). Cadre en bois de noyer à filets noirs.

444 — Portrait du duc de Ferrare en costume de cour.
Cadre en bois rehaussé d'or.

445 — Portrait de la duchesse de Ferrare en costume de
cour. Cadre en bois rehaussé d'or.

446 — Portrait d'une femme âgée, par le peintre allemand
Balthazar Denner (commencement du xviiie siècle). Très beau cadre finement sculpté, orné
d'oves et de gaudrons de la fin de la Renaissance.

447 — Tête de femme, par Guido Réni (dit le Guide);
(fragment d'un grand tableau). Cadre octogone
en bois d'ébène, incrusté de filets d'étain.

   (xviie siècle.)

448 — Petit portrait de Jean de Palencia, artiste espagnol
du xviie siècle, par le peintre lui-même. Cadre
héxagone du temps, en ébène massif.

449 — Portrait de César, duc de Vendôme, fils de Henri IV
et de Gabrielle d'Estrée. Peinture sur cuivre, de
forme ovale.

450 — Portrait d'un jeune abbé, tenant à la main un livre
rouge. xviie siècle).

451 — Petit portrait sur panneau représentant un chevalier de Malte. (Il porte la date de 1662).

452 — Tète de jeune fille ; peinture ancienne d'après
Greuze.

453 — Deux petits tableaux de sainteté, cadres carrés.

454 — Ancien tableau sur panneau, de forme ovale, représentant un paysage.

455 — Tableau sur toile ; Paysage, par Ortmans.

456 — Portrait de la célèbre tragédienne, Rachel Félix,
exécuté par un élève de Couture, dans l'atelier
du maître.

457 — Quatre anciens pastels ; Têtes de jeunes femmes ;
école française.

(Époque de Louis XV).

458 — Ancien tableau représentant des femmes tra-
vaillant.

459 — Tableau sur panneau, représentant un choc de ca-
valerie, par Juste van Huysum.

(École hollandaise du xviii⁰ siècle).

460 — Deux petits tableaux d'une grande finesse, représentant l'un : Le passage d'un gué, l'autre, une
foire aux chevaux, par van Verdussen :

(École hollandaise du xviiie siècle).

461 - Deux peintures sur panneaux, de forme ovale, se
faisant pendant :
" Léda et le Cygne ".
" Nimphe et Satyre ".
Ces deux tableaux portent la signature de Frago-
nard, et la date de 1778 ; ils faisaient partie de la
galerie du Cardinal Fesch, oncle de l'Empereur
Napoléon Ier.

462 — Grande aquarelle représentant le château de Lan-
geais, en Touraine. (Par Soulès).

463 — Très beau triptique peint sur bois, dont la partie
centrale, représentant le Christ au tombeau,
entouré de cinq personnages, est de Jean Gos-
saert (dit Jean de Mabuse), peintre flamand qui
vivait en 1470. Les volets sont du XVIIe siècle, et
représentent d'un côté le donateur et ses deux
fils et de l'autre la donatrice et trois autres
femmes.

(Pièce très remarquable).

464 — Curieux petit triptique à volets du XVIe siècle, de
travail espagnol.

465 — Deux anciennes peintures sur pierres ruiniformes,
représentant l'une : sainte Madeleine, et l'autre,
saint Jérôme.

(Travail Florentin de la fin du XVIe siècle).

466 — Deux petits tableaux de sainteté, peints sur cuivre :
cadres ovales d'une grande finesse de sculpture.

467 — Petit tableau en longueur ; chiens en chasse.

468 — Tableau à l'huile, par Hérault ; cheval à l'écurie.

469 — Etude sur carton : paysane des environs de Naples.

470 — Jeune femme portant un vase ; costume Louis XV
(par Marie Forget).

471 — Portrait en miniature de Madame la Dauphine.
(Marie-Antoinette).

472 — Portrait d'enfant : miniature sur ivoire, cadre d'é-
bène.

473 — " Soudart et jeune fille ", aquarelle, par Hémy,
pour l'illustration de la comédie d'Emile Augier,
l'*Aventurière*.

474 — " La bonne aventure ", aquarelle, par Bellangé.

475 — " Un garde-française ", dessin au crayon rehaussé
de blanc, par Charlet.

476 — " La sortie de la Mosquée ", aquarelle, d'après
Isabey.

477 — " Une rue de Tanger ", aquarelle, d'après Isabey.

478 — " Vue de Venise ", petite aquarelle, par le peintre
anglais Wind ; cadre en palissandre.

479 — " Paysage ", peinture à la gouache, par le peintre
Cicéri ; cadre en palissandre.

480 — Deux vues du vieux Rouen, aquarelles, par Auguste
Constantin.

481 — Deux cadres en longueur contenant six dessins à
la plume ou au crayon rouge.

482 — Quatre anciens tableaux peints sur soie, scènes de
la vie chinoise (XVIIᵉ siècle).

Viennent du château de Menars.

483 — Quatre aquarelles ; " Fleurs ".

484 — Suite de douze vues d'Italie, peintes à la gouache ;
cadres en sapin verni.

485 — Suite de six vues des principaux monuments de
Rome ; aquarelles sur gravures.

486 — Vue du dôme de Milan ; peinture à la gouache sur
gravure.

487 — Gravure représentant les monuments antiques de
la ville d'Arles.

488 -- Belle gravure représentant la sainte Scène, d'après
le tableau de Léonard Vinci.

489 — Gravure représentant la " Pentecôte ".

490   Gravure au burin représentant " le Christ conso-
lateur ", d'après le tableau de Henry Scheffer.
(Très belle épreuve).

491 — Gravure représentant " la sainte Vierge ".

492 — Lithographie représentant : " Notre-Dame de Bon
Secours ".

493 — Gravure encadrée : Saint Vincent-de-Paul.

494 — Gravure représentant " la Femme adultère ".

495 — Le Decaméron, grande gravure réemmargée ; d'a-
près le tableau Wenter Halter.

496 — Deux gravures formant pendants, " Richelieu " et
" Mazarin ", par Girard, d'après les tableaux de
Paul Delaroche.

497 — Deux anciennes gravures se faisant pendant : " la
toilette d'Esther ", " le couronnement d'Esther ".

498 — Deux gravures à manière noire ; " l'Horoscope ",
" l'Hospitalité ".

499 — Deux lithographies se faisant pendant ; " la Ma-
done ", " le Message ".

500 — Deux gravures anciennes se faisant pendant ·
" Le pot au lait ".
" La chasse à l'italienne ".

501 — Deux anciennes gravures se faisant pendant :
" Marines ".

502 — Deux gravures se faisant pendant :
" Homère ".
" Belisaire ".

503 — Quatre portraits, gravés en pied, des Rois de France,
Louis XIV, Louis XV, Louis XVI et Louis XVIII.

Deux sont dans des cadres surmontés de couronne.

504 — Grande gravure au burin, représentant l'entrée de
Henri IV dans Paris.

Magnifique épreuve avant la lettre.

505 — Portrait de Monseigneur le comte de Chambord ;
lithographie.

506 — Portrait de Monseigneur le comte de Chambord en
costume royal ; (petite gravure très rare à toute
marge).

507 — Portrait de Monseigneur le comte de Chambord à
cheval (très rare).

508 — Vue du château de Chambord ; lithographie, cadre
en sapin verni.

509 — " Vue d'un château près de Blois ". Gravure au
burin par Le Veau, d'après le dessin de Sarrazin.
(xviiiᵉ siècle).

510 — Vue des environs de Blois, gravure à la manière
        noire par Jeaninet, d'après le dessin de Sarrazin.

511 — Une gravure ancienne représentant : " La reine
        Marie de Médicis, s'échappant du château de
        Blois ", par Nattier, d'après le tableau de Rubens.

512 — Petite gravure ancienne encadrée : " Portrait du
        duc de Sully ".

513 — Quatre lithographies encadrées se faisant pendant :
        " sujets de genre ".

514 — Grande lithographie représentant Guillaume Tell.

515 — Sept lithographies encadrées formant la suite des
        " incroyables " (très rares).

516 — Plusieurs cadres contenant des vues de Londres
        gravées.

517 — Treize dessins chromolithographiés, par Victor
        Adam, représentant des scènes du Moyen Age
        (dans des passe-partout).

518 — Deux chromolithographies, par Alfred de Dreux.

519 — Plusieurs cadres contenant des épisodes de courses
        de taureaux.

520 — Plusieurs lots de gravures et d'albums (seront dé-
        taillés).

TENTURES, TAPISSERIES, SOIERIES

521 — Tenture de murailles en cuir gaufré de Venise, de
l'époque de Henri IV, à fond vert et dessins or
et argent, composée de 66 grands morceaux et
44 morceaux de bordure.

522 — Tenture de murailles en cuirs de Hollande gaufrés,
à fond gris perle, avec corbeilles de fleurs et de
fruits, peints en couleurs brillantes, comprenant :
1° 11 panneaux montés :
2° Un paravent ;
3° Un lot de morceaux non encore nettoyés. —
En tout 116 grands morceaux et 29 morceaux de
bordure.

523 — Belle portière en tapisserie du XVIIe siècle avec sa
bordure ; verdure avec un faisan dans le bas.

524 — Très belle bande de tapisserie de haute lice, de la
fabrique de Bruxelles (elle porte la marque im-
posée aux maîtres tapissiers pour l'année 1528
et la signature du tisseur).

525 — Trois bandes de tapisserie au point, pour portière
(XVIIe siècle).

526 — Plusieurs morceaux de tapisserie, au point, de
Saint-Cyr, et au gros point, pour sièges et dossiers
de fauteuils.

(Ce lot sera divisé).

527 — Plusieurs morceaux de point de Hongrie, en laine
et en soie (xviie siècle).

528 — Belle portière en satin bleu, richement brodé en
couleurs, avec grande rosace au centre ; ancien
travail de l'Extrême-Orient.

529 — Deux chasubles en soie brochée du xviiie siècle, de
fabrication espagnole.

530 — Bande de chasuble en velours grenat brodé d'or.

531 — Très curieuse portière en panne de soie à couleurs
éclatantes, fabrication des Maures du Royaume
de Grenade au xviie siècle.

    (Extrêmement rare).

532 — Deux bandes de panne, de la même fabrication.

533 — Plusieurs morceaux de lampas du xviie siècle.

    (Ce lots era divisé).

534 — Petit écran brodé du xvie siècle, représentant une
femme debout au milieu d'arabesques.

535 — Grand surtout en mousseline brodée, avec chiffres
et couronnes, de l'époque de Louis XIV.

536 — Arbre généalogique gravé, contenant la filiation
directe de la maison de Bourbon de saint Louis
à Louis XIII, avec écussons et portraits, par
Charles Bernard (xviie siècle).

VOITURES, OBJETS DIVERS

537 — Petite victoria, caisse cannée, garniture drap gris, timon, brancards, mécanique faite à Paris, chez Riégel.

538 — Petit coupé, pour un ou deux chevaux, garniture drap et maroquin bleu, fait à Paris, chez Riégel.

539 — Dogcart à deux roues, fait à Blois, chez Martin, mécanique à levier.

540 — Grande charrette pour transplanter des arbres et sortir des orangers.

541 — Petite voiture d'enfants pour atteler un âne.

542 — Un traîneau de paysan russe.

543 — Quinze très beaux orangers, âgés de plus de soixante ans, en bel état.
Ce lot pourra être divisé.

544 — Environ deux cents pots de fleurs de diverses espèces.
Ce lot sera divisé.

545 — Sous ce numéro, seront vendus quantité d'objets non catalogués.

Blois, imp, C. Migault et Cᵉ, rue Pierre-de-Blois, 14

NOTA

---

*Les meubles modernes, commodes, sièges, tables de
toilette, bois de lits, lits de fer, literie, pendules et flambeaux, glaces, services de verrerie, services à manger
et services de toilette en faïence, ainsi que les livres et
gravures,* **seront vendus le Lundi 24 Juin, à la
salle de MM. les Commissaires-Priseurs, quai de
la Saussaye.**

**L'Exposition en aura lieu le Dimanche 23 Juin,
dans l'après-midi.**